AF402587

STATISTIQUE

DU

DROIT INTERNATIONAL

(Ext. des *Mémoires de l'Académie de Stanislas* pour 1879.)

I. Propositions relatives à l'établissement de statistiques du droit international. — II. Commencement de statistique judiciaire et administrative pour Nancy et le ressort. — III. Questionnaire (¹).

I.

PROPOSITIONS RELATIVES A L'ÉTABLISSEMENT DE STATISTIQUES DU DROIT INTERNATIONAL.

Dans une lettre, que j'adressais, le 30 novembre 1877, à M. Édouard Clunet, directeur du *Journal*

(¹) De ces trois parties, les deux dernières seules paraissent pour la première fois dans les *Mémoires de l'Académie* ; la première, les *Propositions,* ont été d'abord insérées dans la *Revue de droit international et de législation comparée*, publiée à Bruxelles (maison Muquardt) par MM. Asser, Westlake, Arntz et Rivier, 12ᵉ année, 1880, 1ʳᵉ livraison, p. 111-118 ; puis elles ont été reproduites dans l'*Annuaire de l'Institut de droit international,* années 1879 et 1880, t. Iᵉʳ, p. 396-405. Il a paru nécessaire de les reproduire également ici, avant de donner les deux autres parties. — Les propositions avaient été présentées à l'Institut de droit international, dans sa session de septembre 1879, tenue à Bruxelles. Pour y donner suite, l'Institut a nommé une commission spéciale ; cette commission, *du droit international privé*, j'émettais quelques idées sur *La Statistique et le Droit international privé*([1]). J'ai reçu, de personnes d'une haute compétence, des adhésions qui me sont infiniment précieuses et qui me permettent de penser qu'il ne faut pas abandonner la voie où j'ai cru possible d'entrer, malgré les difficultés qu'elle soulève et les objections qui peuvent être faites, et dont on a bien voulu aussi me signaler quelques-unes. Mais, pour un sujet aussi vaste, des adhésions ou des objections individuelles sont insuffisantes, si nombreuses et si importantes qu'elles soient. Ce qui semble nécessaire, c'est l'appréciation par une réunion d'hommes autorisés, et, s'ils le jugent à propos, une adhésion collective de leur part.

L'Institut de droit international est indiqué par la nature même des choses comme la première autorité à laquelle je doive soumettre mes propositions. Je suis heureux de saisir cette occasion pour

qui forme la seconde de ses cinq commissions d'études, est composée de MM. Besobrasoff, membre du conseil du ministre des finances et professeur au lycée impérial, Saint-Pétersbourg; Brusa, professeur à l'Université de Turin; de Laveleye, professeur à l'Université de Liége; Moynier, trésorier de l'Institut de droit international, Genève; Petersen, secrétaire général de la Société d'économie politique, Copenhague; de Stein, professeur à l'Université de Vienne; Yvernès, chef du bureau de la statistique au ministère de la justice, à Paris, et de l'auteur, qui a été chargé des fonctions de rapporteur.

([1]) *Journal du droit international privé et de la jurisprudence comparée*, t. IV (1877), p. 511.

le remercier de l'honneur qu'il m'a fait en daignant m'admettre au nombre de ses associés (¹).

1. — *Application de la statistique au droit international ; but à atteindre.*

Les faits qui rentrent dans la sphère du droit international sont-ils susceptibles de faire l'objet de statistiques? A cette première question, la réponse affirmative ne semble pas douteuse. Il est vrai que l'on a beaucoup discuté sur les limites de la statistique : on a essayé de faire rentrer dans bien des cadres, plus ou moins larges, les divers objets auxquels elle peut s'appliquer, soit qu'on la considère comme une science, soit qu'on la regarde comme une méthode. Ce qui a été dit de plus juste à cet égard, c'est que de pareilles discussions sont oiseuses, et que la statistique a pour objet tout ce qui est susceptible d'être étudié à l'aide de chiffres (²). Je ne m'arrêterai donc pas à établir que la statistique est applicable aux faits du droit international. Par cela seul que ces faits peuvent être observés, comptés et rapprochés les uns des autres, il est évident que la statistique, qui n'est autre chose que la science de l'observation par le rapprochement des chiffres, peut s'y appliquer.

(¹) Session de 1878, tenue à Paris en septembre.

(²) Maurice Block, *Traité théorique et pratique de statistique,* Paris, 1878, p. 21-22. « Pourquoi, dit fort bien l'auteur, n'étudierions-nous pas *tous* les objets d'après *toutes* les méthodes possibles ? »

Mais il ne suffit pas que la statistique des faits du droit international soit possible d'après leur nature, il faut encore qu'elle mérite d'être faite, en un mot qu'elle présente de l'utilité.

Je crois à cette utilité, comme je crois en général aux services que la statistique peut rendre à toutes les autres sciences. Sans entendre en aucune façon contester les titres que peut avoir la statistique à figurer comme une science indépendante des autres, je me contente de l'envisager au point de vue des services qu'elle peut rendre à la science qui nous occupe, savoir: à la science du droit en général, et à celle du droit international en particulier.

Il n'est aucune branche du droit qui ne puisse être éclairée par la statistique, mais celle qui, d'une part, a le plus besoin de lumières et qui, d'un autre côté, peut en recevoir le plus de la statistique, c'est celle du droit international. En effet, malgré les progrès considérables qui ont été faits dans ce siècle, progrès auxquels ont contribué pour une grande part plusieurs des membres de l'Institut, il est certain que le droit international est, de toutes les branches du droit, celle où il reste encore le plus à faire. Or, pour arriver à le former, à le constituer, d'une manière de plus en plus solide, n'est-il pas nécessaire d'*observer* ?

La méthode d'observation tend, de nos jours, à prendre dans les sciences morales elles-mêmes, une place de plus en plus grande. C'est, je crois, avec raison, et c'est pour cela que je suis convaincu de l'utilité de la statistique au point de vue du droit international. Elle nous donne le seul genre d'observation que comportent les études juridiques. Ces études, en effet, ne sont pas susceptibles de l'espèce d'observation qui consiste à produire des faits tout exprès pour les étudier, et que l'on appelle *expérimentation*.

La seule observation qui nous soit possible étant celle des faits qui se produisent sans que nous les provoquions, il ne nous en est que plus nécessaire de pouvoir nous y livrer, en d'autres termes, d'en avoir la statistique, puisque son rôle est précisément de faire connaître les faits *arrivés*.

Nier l'utilité de la statistique dans ses rapports avec le droit international, c'est donc nier l'utilité de l'observation pour les progrès d'une science qui est en voie de formation, et dans le moment même où les faits à étudier sont plus nombreux et plus importants qu'ils ne l'ont jamais été.

Se rendre compte de tous les faits du droit international, saisir dans chaque pays tous ceux qu'il est possible de constater, en dresser d'abord pour chaque État une statistique nationale, puis réunir les résultats de toutes ces statistiques pour en former une statistique internationale aussi complète que possible, tel est le but à atteindre.

Parmi les diverses branches du droit international, le droit international privé est la première qui se soit présentée à ma pensée pour un travail de ce genre. C'est la seule dont j'aie parlé dans ma lettre à M. Clunet, et encore ne l'ai-je pas considérée dans tous ses éléments. Je m'y suis occupé surtout des faits d'*ordre judiciaire*. Je constatais que ces faits ne sont pas relevés dans les statistiques judiciaires nationales; que, par suite, ils ne l'étaient pas non plus dans le beau travail de M. Yvernès sur l'*Administration de la justice civile et commerciale en Europe*, publié en 1876, conformément à la décision du congrès de statistique tenu à la Haye en 1869. Mais il s'en faut de beaucoup que les faits d'ordre judiciaire soient les seuls qui comportent une statistique du droit international privé ; il y en a un grand nombre qui ne doivent pas moins y trouver place, et qui ne sont pas proprement judiciaires, mais qui sont, soit d'ordre purement civil, soit d'ordre administratif. On peut citer, comme exemples des premiers, tous les actes notariés dans lesquels des étrangers sont parties, et comme exemples des seconds, les autorisations données par le Gouvernement à des étrangers d'établir leur domicile en France, les naturalisations, les expulsions d'étrangers hors du territoire, les adjudications de travaux publics faites à des étrangers, les concessions de mines ou de chemins de fer, les autorisations d'exercer des professions ou la constatation soit des professions pour lesquelles les étrangers n'ont pas besoin d'être autorisés, soit du nombre des étrangers qui les exercent, les inscriptions universitaires ou autres actes concernant les étrangers qui font leurs études en France.

On voit combien la statistique du droit international privé doit être étendue au delà des bornes d'une statistique purement judiciaire.

Enfin, les autres branches du droit international ne doivent pas être oubliées. Le droit pénal international et le droit international public ne comportent pas moins que le droit international privé l'application de la statistique et n'ont pas à en attendre moins de services. La chose est si évidente qu'il semble inutile d'insister.

2. — *Moyens de constater les faits du droit international et de les grouper en forme de statistique.*

Si l'on considère les faits du droit international au point de vue des moyens qui sont employés, ou qui pourraient l'être, pour les constater, on peut en distinguer plusieurs classes. Il y en a qui sont déjà saisis et relevés. Il y en a d'autres qui ne le sont pas encore, mais qui sont saisissables facilement. Pour quelques-uns, une simple mesure administrative suffirait, sans que le législateur ait à intervenir. Pour d'autres, cette intervention serait nécessaire, les lois actuelles ne donnant pas les moyens de les constater ou ne les donnant que d'une manière très-insuffisante. Il en est enfin qui ne sont saisissables qu'avec des difficultés plus ou moins grandes, ou qui même sont tout à fait insaisissables.

C'est surtout parmi les faits de l'ordre administratif que l'on en trouve qui sont déjà l'objet de recherches et de constatations officielles. Ainsi, dans les dénombrements de population, on tient compte de la nationalité. En France, il est dressé une feuille spéciale de dépouillement de la population selon l'origine et la nationalité. Pour chaque commune, avec récapitulation par canton, par arrondissement et par département, un tableau indique les nationalités diverses. Ce tableau est divisé en 23 colonnes principales, subdivisées chacune en deux pour chaque sexe ; les trois premières indiquent les Français : 1° nés dans le département ; 2° nés hors le département ; 3° étrangers naturalisés Français ; 18 autres colonnes sont consacrées aux étrangers. On a donc, sous ce rapport et dans cette limite, un véritable commencement de statistique du droit international.

L'administration française constate encore un grand nombre d'autres faits du droit international, par exemple, les autorisations à des étrangers d'établir leur domicile en France, délivrées conformément à l'article 13 du Code civil, les expulsions d'étrangers hors du territoire, etc..., mais il n'en est pas fait de résumés en feuilles ou tableaux. A l'égard de ces faits, on a tous les éléments d'une

statistique ; il ne reste plus à faire qu'une récapitulation, facile à opérer, et il suffit, pour l'ordonner,
d'une simple mesure administrative, décret ou
arrêté.

Une mesure semblable suffit également pour un
certain nombre de faits de l'ordre judiciaire ; ainsi
pour les décisions statuant soit sur l'incompétence
de la justice française à raison de l'extranéité d'une
partie en cause, soit sur une exception relative à la
caution *judicatum solvi,* soit encore sur l'exécution
d'actes ou de jugements étrangers. La nature même
de ces sortes d'affaires emporte par elle-même la
preuve de l'extranéité.

Mais dans la généralité des affaires, soit judiciaires, soit extrajudiciaires, il en est autrement. La
nationalité des parties n'est pas indiquée, parce que
cette nationalité est, en général, indifférente pour
le jugement à rendre ou pour l'acte à accomplir.
Dans l'état actuel des législations, les parties n'ont
pas à faire connaître leur nationalité ; il faudrait
donc l'intervention du législateur pour exiger de
leur part une déclaration à ce sujet. Serait-il à propos d'introduire dans les lois la nécessité de pareilles déclarations ? Je le crois, et il serait facile
de les obtenir en même temps que d'en avoir la constatation officielle, toutes les fois que l'acte à accomplir exigerait le concours d'un officier public, notaire,
greffier, huissier, conservateur des hypothèques,
receveur de l'enregistrement, contrôleur des contri-

butions directes, percepteur,.... pour n'en citer que quelques-uns. On saisirait ainsi officiellement un nombre très-considérable de faits du droit international. Il ne resterait d'absolument insaisissables que les actes sous seing privé qui ne seraient ni enregistrés, ni soumis à quelque formalité plus ou moins semblable à celle de l'enregistrement.

En attendant que la preuve directe de la nationalité soit ainsi établie, on peut se contenter de la preuve indirecte ou présomption qui résulte de l'indication du domicile. En général, le domicile des parties est mentionné, et si le domicile est à l'étranger, on peut en conclure la nationalité étrangère. Sans doute, il y a là une conclusion qui peut n'être pas exacte, car il peut fort bien se faire qu'un Français soit domicilié à l'étranger. Il peut arriver aussi que le domicile soit mal indiqué, ou même qu'il ne soit pas indiqué du tout. Malgré tout ce que présente d'imparfait, au point de vue qui nous occupe, l'indication du domicile, on peut cependant y recourir. On n'aura pas une exactitude entière, mais on s'approchera de près de la vérité, car, sinon toujours, au moins la plupart du temps, ceux qui sont domiciliés à l'étranger sont effectivement étrangers. Cela peut suffire provisoirement, et d'ailleurs, il faut bien s'en contenter et il est impossible de faire mieux, tant que les lois n'auront pas organisé de preuve directe de la nationalité dans les actes. Ajoutons que pour le relevé des domiciles, il suffit d'une simple mesure administrative qui peut être prise sans délai.

Or, ce qui importe surtout, c'est de prescrire, aussi promptement que possible, des mesures propres à constater les faits de droit international, au fur et à mesure qu'ils se produisent. Car, autant il est facile de les saisir *au passage,* si l'on peut parler ainsi, autant il est difficile d'en faire une recherche *rétrospective,* c'est-à-dire de déterminer pour des années écoulées le nombre et la nature des actes concernant des étrangers.

Pour grouper en forme de statistique les faits du droit international, une fois que l'on aura constaté chacun d'eux isolément à l'aide des mesures qui précèdent, quel est le meilleur moyen à employer ? Faut-il ajouter des colonnes à celles qui existent déjà dans les divers tableaux que l'on dresse pour les statistiques actuelles? Vaut-il mieux faire des tableaux spéciaux pour les faits internationaux ? — Ce dernier moyen semble préférable, pour plusieurs raisons : d'un côté, les tableaux actuels sont déjà, pour la plupart, fort chargés, et il y aurait souvent une impossibilité matérielle, ou au moins une très-grande difficulté à ajouter les colonnes nécessaires pour la statistique des faits internationaux [1].

<hr>

[1] Je prends pour exemple les statistiques dressées par l'Administration de l'Enregistrement, qui pourraient, au point de vue qui nous occupe, fournir les renseignements les plus précieux, et qui offriraient peut-être le seul moyen d'avoir quel-

En outre, le second moyen peut seul donner, pour chaque nature d'actés, le détail de chaque nationalité. Or, c'est un détail qui n'est pas à négliger, car il ne suffit pas de savoir, d'une manière générale, le nombre des faits de droit international qui se passent dans chaque pays, il importe aussi de connaître, d'une manière spéciale, comment ils se répartissent entre les diverses nationalités.

Quant à l'ordre des matières, ce qui semble le plus naturel est de procéder par départements ministériels. Il y a des ministères qui auront un nombre de faits internationaux beaucoup plus considérable que d'autres, par exemple, celui d'abord des affaires étrangères, puis ceux de la justice, de l'intérieur, du commerce. Parmi les autres, il en est qui n'en auront sans doute qu'un petit nombre; toutefois, il n'en est aucun qui ne puisse en compter quelques-uns. — Tous les tableaux par ministère une fois dressés, il conviendrait d'en créer un dépôt central au ministère des affaires étrangères.

ques données sur les actes sous seing privé, les plus difficiles à atteindre de tous les faits que nous cherchons à constater. Les statistiques actuelles de l'Enregistrement comportent déjà un si grand nombre de colonnes, qu'il serait peut-être impossible d'en ajouter de nouvelles; mieux vaudrait dresser des états spéciaux, relatifs au droit international, dans lesquels on pourrait avoir, par nature des droits perçus, la constatation de la nationalité de ceux qui les ont acquittés, avec le détail de chacune des nationalités.

3. — *Plan à adopter pour la statistique du droit international.*

1. Le plan de la statistique du droit international doit-il être propre à chaque pays ou doit-il être commun à tous? En un mot, doit-il être national ou international?

Si l'on considère le but, le plan international est préférable, car c'est lui qui permet le mieux ces comparaisons, ces études, que donnera lieu de faire la statistique, et qui pourront contribuer aux progrès du droit international. — Mais si l'on considère les moyens d'exécution, c'est à un plan national, établi pour chaque pays de la manière qui conviendra le mieux aux lois ou aux usages de ce pays, qu'il semble que l'on doive s'arrêter. En effet, pour dresser un plan international, il faudrait un accord entre les puissances, et avant d'y arriver, il s'écoulerait un temps plus ou moins considérable. Si, en attendant, on ne faisait rien, ce serait une perte, en grande partie irréparable, à cause de cette difficulté des statistiques rétrospectives, dont je parlais tout à l'heure, tandis qu'il est si facile de constater les faits à mesure qu'ils se produisent. — Il semble donc qu'il faille au moins commencer par des statistiques formées sur des plans nationaux, sauf à arriver ensuite, si la chose devient possible, à les dresser sur un plan international.

2. Convient-il d'adopter le même plan pour la

statistique judiciaire et pour la statistique administrative du droit international, ou faut-il suivre un
plan différent pour chacune d'elles?

Pour la statistique judiciaire, on pourrait songer
à suivre l'usage déjà adopté dans les statistiques judiciaires françaises, c'est-à-dire à se conformer à
l'ordre même dans lequel les matières sont traitées
dans les différents Codes, en rattachant à chaque
Code les lois spéciales qui s'y rapportent. On aurait
ainsi dans nos statistiques des modèles et comme un
cadre tout fait d'avance. — Malgré cet avantage, il
serait peut-être préférable d'adopter l'ordre alphabétique des matières, à cause de la nature des faits
à constater, faits internationaux, et surtout à cause
des embarras que pourrait causer la distribution
différente des matières dans les Codes des divers
pays. Il y a plus : les lois civiles, commerciales et
criminelles ne sont pas codifiées partout. Pour les
pays où elles ne le sont pas, quel ordre suivre, si
ce n'est l'ordre alphabétique ? Et s'il est adopté
pour quelques pays, ne vaut-il pas mieux l'adopter
pour tous ?

Quant à la statistique administrative, comme il
n'y a pas en général de Codes administratifs, l'ordre
alphabétique des matières semble, non-seulement
le meilleur, mais encore le seul possible. C'est celui
qui est déjà suivi dans plusieurs publications françaises officielles, entre autres, dans la statistique
récemment publiée des travaux du Conseil d'État

(V. les tableaux 95, 97, 101, 106 du *Compte général des travaux du Conseil d'État, depuis le 10 août 1872 jusqu'au 31 décembre 1877*. Paris, Imprim. nationale, 1878.)

4. — *Résumé et conclusion.*

La statistique est applicable au droit international. — Elle peut contribuer aux progrès du droit international, en permettant l'étude d'un grand nombre d'objets par la méthode d'*observation*. — Elle doit s'étendre à tous les faits du droit international, non-seulement à ceux du droit international privé, qu'ils soient d'ordre judiciaire, d'ordre purement civil ou d'ordre administratif, mais encore à ceux du droit pénal international et du droit international public. — Actuellement, il n'y a qu'un très-petit nombre de ces faits qui soient constatés, mais presque tous peuvent l'être, ou du moins tous les plus importants. — Ils peuvent l'être, soit au moyen de mesures administratives que, dès à présent, on peut prescrire sans rien changer aux lois, soit par l'introduction dans les lois de certaines dispositions qui concerneraient la constatation directe de la nationalité des parties dans les actes. — Dresser par département ministériel, sur un plan approprié à la législation de chaque pays, des statistiques spéciales au droit international, est la manière la plus immédiatement praticable d'obtenir, pour cette branche du droit, une statistique qui, d'abord nationale, pourrait plus tard devenir internationale.

Telles sont les propositions sur lesquelles je prends la liberté d'appeler l'attention de l'Institut de droit international. Elles comporteraient des développements beaucoup plus étendus, et je sens profondément l'insuffisance du simple aperçu que j'ose lui soumettre. Toutefois, il pourra peut-être, si imparfait qu'il soit, suffire pour que les membres de l'Institut portent un jugement sur elles. S'ils estiment qu'elles renferment quelque chose d'utile, il y aura lieu de les compléter et de provoquer, de la part des gouvernements, les mesures d'exécution qui paraîtront les plus convenables.

II.

COMMENCEMENT DE STATISTIQUE JUDICIAIRE ET ADMINISTRATIVE
POUR NANCY ET LE RESSORT.

Après avoir conçu la pensée d'une statistique générale du droit international, il m'a semblé utile de faire, dans la mesure où je le pouvais, un essai ou premier commencement.

Je présenterai donc ce que j'ai pu réunir de faits internationaux pour Nancy, soit, dans l'ordre administratif, pour le département dont cette ville est le chef-lieu (Meurthe-et-Moselle), soit, dans l'ordre judiciaire, pour le ressort de la Cour d'appel de Nancy, lequel comprend les départements de Meurthe-et-Moselle, Vosges, Meuse et Ardennes. Ces départements se trouvent tous sur la frontière ; les questions de droit international y offrent donc un intérêt particulier. Cependant, l'essai qui va suivre est encore bien peu de chose ; ce que j'ai pu constater et grouper n'est presque rien à côté de ce qu'il y aurait à réunir, et cela, malgré l'obligeance avec laquelle on a bien voulu, à la préfecture, me permettre des recherches et me communiquer des documents, et même au parquet de la Cour, me prêter un concours actif, dont je suis profondément reconnaissant ([1]).

([1]) Je prie à ce sujet M. le procureur général, alors en fonctions, M. Ballot-Beaupré, devenu depuis premier président de la Cour, d'agréer l'expression de toute ma gratitude. Il a bien voulu demander à MM. les procureurs de la République du ressort, les renseignements qui m'étaient nécessaires et il a daigné ensuite me les transmettre avec le plus gracieux empressement. Je dois aussi adresser mes remerciements à M. Poinsot, greffier en chef de la Cour, qui a eu l'extrême obligeance de faire dresser pour moi les tableaux des affaires civiles et commerciales portées en appel devant la Cour de Nancy, en 1877 et en 1878, dans lesquelles les appelants ou les intimés étaient des étrangers. — La statistique judiciaire ci-dessus n'est autre chose que le résumé des communications de M. le procureur

La tentative que j'ai faite m'a montré, mieux que n'eussent pu m'en convaincre les réflexions les plus prolongées, combien il est difficile de rechercher les faits qui se sont passés dans des années écoulées, tandis qu'il serait relativement facile de constater ces mêmes faits, si l'on songeait à les saisir et à les enregistrer, au fur et à mesure qu'ils se produisent.

1. — *Statistique judiciaire.* — *Affaires civiles et commerciales jugées par la Cour d'appel de Nancy et par les tribunaux de son ressort en 1877 et 1878.*

1° Cour d'appel.

ANNÉE 1877.

NATURE DES AFFAIRES.	NATIONALITÉ.				TOTAL par nature des affaires.
	Allemands.	Alsaciens-Lorrains.	Anglais.	Belges.	
Assurance sur la vie	»	1	»	»	1
Compétence	»	»	»	1	1
Compte	»	»	1	1	2
Faillite	1	»	»	1	2
Louage	»	1	»	1	2
Mines	»	1	»	1	2
Obligations en général	1	4	»	3(1)	8
Vente	»	1	2	1	4
Total par nationalité	2	8	3	9	22

(1) OBSERVATIONS. — Dans l'une de ces affaires, les deux parties étaient de nationalité étrangère (Belges *utrinque*).

général et de M. le greffier en chef, dont j'ai essayé de disposer les résultats dans l'ordre des *propositions* que j'avais soumises à l'Institut de droit international.

Année 1878.

NATURE DES AFFAIRES.	NATIONALITÉ.					TOTAL par nature des affaires.
	Alle-mands.	Alsaciens-Lorrains.	Améri-cains.	Belges.	Hollan-dais.	
Brevet d'invention . . .	»	»	1	»	»	1
Compétence.	1	»	»	»	»	1
Compte.	»	»	1	1	»	· 2
Faillite.	»	»	»	1	»	1
Obligations en général.	1	1 (¹)	»	1 (²)	»	3
Vente	»	1	»	1	1	3
Total par nationalité.	2	2	2	4	1	11

(¹) Observations. — Dans cette affaire les deux parties étaient de nationalité étrangère (Alsaciens-Lorrains *utrinque*).
(²) *Idem* (Belges *utrinque*).

2° Tribunaux du ressort.

18 tribunaux, dont 12 à la fois civils et de commerce : Briey, Lunéville, Toul
(Meurthe-et-Moselle) ; Épinal, Neufchâteau, Remiremont, Saint-Dié (Vosges);
Saint-Mihiel, Montmédy (Meuse); Rethel, Rocroy, Vouziers (Ardennes), et 6
tribunaux de commerce : 1 dans Meurthe-et-Moselle, Nancy; 1 dans les Vos-
ges, Mirecourt; 2 dans la Meuse, Bar-le-Duc, Verdun ; 2 dans les Ardennes
Charleville, Sedan.)

Il ne m'est pas possible de donner, pour les tribunaux, des tableaux semblables à ceux qui précèdent
pour la Cour. Les renseignements qui les concernent
n'ont pu être pris que pour *trois natures d'affaires*
seulement et sans distinction des nationalités.

1877. — Tribunaux civils.

NATURE DES AFFAIRES.	Nancy.	Luné-ville.	Saint-Mihiel.	Sedan.	TOTAL par nature des affaires.
Caution *judicatum solvi*	1	»	»	1	2
Incompétence à raison de l'extra-néité d'une partie en cause . .	1	»	»	»	1
Jugement étranger, exécution en France.	1	1	1	2	5
Total par tribunal.	3	1	1	3	8

1878. — Tribunaux civils ([1]).

NATURE DES AFFAIRES.	Nancy.	Lunéville.	Toul.	Bar-le-Duc.	Charleville.	Sedan.	TOTAL par nature des affaires.
Caution *judicatum solvi*	2	»	»	»	»	4	6
Jugements étrangers, exécution en France.	4	1	1	2	1	»	9
Total par tribunal.	6	1	1	2	1	4	15

([1]) OBSERVATIONS. — Les 6 tribunaux de commerce du ressort n'ont rendu, dans ces deux années, aucun jugement sur l'une ou l'autre de ces trois natures d'affaires.

2. Statistique administrative. — Département de Meurthe-et-Moselle.

1) Autorisation à des étrangers d'établir leur domicile dans le département ([1]) : en 1877, 11. — En 1878, 8.

2) Population (d'après la feuille de dépouillement pour le dénombrement de 1876, tableau B, modèle n° 11, *Population générale selon l'origine et la nationalité*).

Total de la population du département : 404,609.

Français.	386,373
Étrangers.	18,236 ([2])
TOTAL.	404,609

([1]) Pour ces autorisations, je n'ai pas pu constater la distinction des nationalités.

([2]) Voir, pour la répartition par nationalité et par sexe des 18,236 étrangers, le tableau de la page suivante.

Répartition par nationalité et par sexe des 18,236 étrangers.

SEXES.	NATIONALITÉ.																	Total par sexes (3).
	Allemands (1).	Américains du Nord et du Sud.	Anglais, Écossais et Irlandais.	Autrichiens-Hongrois.	Belges.	Espagnols.	Grec.	Hollandais (2).	Italiens.	Portugais.	Roumains, Serbes.	Russes.	Suédois, Norwégiens, Danois.	Suisses.	Turcs, Égyptiens.	Autres nationalités.	Nationalités inconnues.	
Hommes. . .	4,272	23	31	69	2,659	39	1	916	937	3	7	38	5	259	3	303	30	9,595
Femmes. . .	4,893	26	44	75	2,073	21	»	731	294	2	1	36	1	166	3	258	17	8,641
Total par nationalité. .	9,165	49	75	144	4,732	60	1	1,647	1,231	5	8	74	6	425	6	561	47	18,236

(1) OBSERVATIONS. — Parmi les étrangers de nationalité allemande, sont compris les Alsaciens-Lorrains; il conviendrait de faire entre eux et les autres Allemands une distinction que ne font pas les feuilles de dépouillement pour la population du département.

(2) Parmi les étrangers de nationalité hollandaise, sont compris les Luxembourgeois; il faudrait les distinguer des autres Hollandais.

(3) Le nombre total des hommes dépasse de 954 celui des femmes. La proportion entre les deux sexes est très-différente selon les nationalités; le nombre des hommes est sensiblement plus grand que celui des femmes, parmi les étrangers des nationalités suivantes : Belges, Hollandais, surtout Italiens (937 hommes pour 294 femmes), Espagnols, Suisses. Au contraire, celui des femmes l'emporte parmi les étrangers des nationalités anglaise et allemande.

III.

QUESTIONNAIRE (¹).

1. — La statistique peut-elle contribuer aux progrès du droit international?

2. — Les faits du droit international sont-ils susceptibles d'être l'objet de statistiques?

3. — Les diverses branches du droit international (public, privé, pénal, fiscal) comportent-elles, aussi bien l'une que l'autre, l'application de la statistique? — S'il y en a parmi elles quelqu'une qui ne semble pas en être susceptible, dire laquelle et pour quels motifs.

4. — Y a-t-il des faits internationaux, publics ou privés, pour lesquels il semble impossible de dresser une statistique et quels sont-ils?

5. — Les faits doivent-ils être distingués selon qu'ils supposent ou non une intervention de l'autorité, soit administrative, soit judiciaire? — Est-ce bien exprimer cette distinction que de les classer en : 1° faits d'ordre administratif; 2° faits d'ordre judiciaire; 3° faits d'ordre purement civil? — Convient-il de dresser les statistiques séparément pour ces trois ordres de faits et d'avoir ainsi : 1° une statistique administrative; 2° une statistique judiciaire; 3° une statistique civile du droit international.

6. — Y a-t-il déjà en   , des faits, intéressant le droit international, qui soient compris dans des statistiques, soit officielles, soit privées?

(¹) Ce questionnaire a été rédigé sur l'invitation qui en a été adressée à l'auteur par M. Alphonse Rivier, secrétaire général de l'Institut de droit international.

Peut-on les indiquer soit tous, soit les plus important tants ?

7. — En   , la nationalité des parties est-elle, en général, prise en considération ou est-elle indifférente pour la validité et pour les effets des actes soit judiciaires, soit extrajudiciaires ?

8. — S'y trouve-t-elle déjà constatée de quelque manière et dans quelques cas ? Comment et dans lesquels ?

9. — D'après la législation de   , serait-il possible de constater dans les actes la nationalité des parties, soit par simple mesure du pouvoir exécutif, soit en portant une loi à cet effet ? Dans quels cas l'intervention du législateur serait-elle superflue ?

10. — Paraît-il désirable et opportun de provoquer en   des mesures dans ce but, soit réglementaires, soit législatives ?

11. — En attendant qu'il soit organisé une manière de prouver directement la nationalité des parties dans les actes, peut-on se contenter de la présomption qui s'attache au fait du domicile à l'étranger ?

12. — Convient-il, pour la statistique des faits internationaux, d'ajouter des colonnes à celles qui existent déjà dans les statistiques actuelles, ou est-il préférable de dresser des statistiques qui soient spéciales au droit international ?

13. — Est-il nécessaire ou au moins utile de distinguer chaque nationalité en particulier ?

14. — La statistique du droit international doit-elle être dressée par département ministériel dans chaque pays ? Y a-t-il un autre procédé qui semblerait meilleur ?

15. — Doit-on en créer un dépôt central dans chaque pays et faut-il placer ce dépôt au ministère des affaires étrangères ?

16. — Le plan de la statistique du droit international doit-il être national ou international ?

17. — Faut-il adopter un plan uniforme pour toutes les branches du droit international et pour tous les genres de faits internationaux, ou doit-il être différent, soit à l'un, soit à l'autre de ces deux points de vue ?

18. — L'ordre alphabétique des matières peut-il être adopté comme celui qui convienne le mieux dans tous les cas ? Y en a-t-il un autre qui semblerait préférable ?

19. — Une entente est-elle possible entre les divers États pour l'établissement de statistiques nationales et internationales des faits internationaux ? Quels seraient les moyens d'y arriver ?

20. — En attendant qu'il soit établi une pareille entente, est-il possible de procéder dès à présent en à un commencement de statistique du droit international ? — En cas d'affirmative, dans quelle limite cette possibilité existe-t-elle ? — En cas de négative, quels sont les principaux obstacles et quels seraient les moyens de les surmonter ?

Il va de soi que ce *Questionnaire* n'épuise nullement toutes les questions que comporte le sujet. Son auteur, qui en sent toutes les imperfections, prie tous ceux qui auraient à indiquer quelques vues, auxquelles il n'a pas fait allusion, de vouloir bien les faire connaître. Il leur en sera très-reconnaissant et il utilisera toutes les réponses, en en faisant connaître la source, dans le *Rapport* qu'il doit envoyer à l'Institut, dont la session de 1880 se tiendra à Oxford.

Nancy. — Imprimerie Berger-Levrault et Cie.

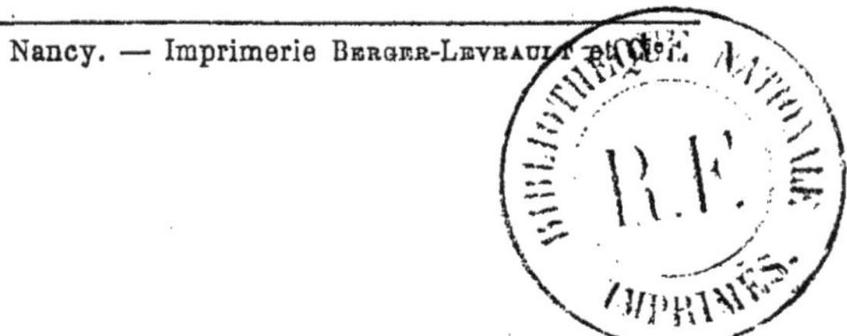

www.ingramcontent.com/pod-product-compliance
Ingram Content Group UK Ltd.
Pitfield, Milton Keynes, MK11 3LW, UK
UKHW020006130726
13694UKWH00005B/2127